EL COLOR DE LA NOSTALGIA
Nadie te dice la verdad sobre el duelo

Soledad Morillo Belloso

El color de la nostalgia: Nadie te dice la verdad sobre el duelo

Soledad Morillo Belloso

Published by Soledad Morillo Belloso, 2024.

EL COLOR DE LA NOSTALGIA: NADIE TE DICE LA VERDAD SOBRE EL DUELO

First edition. August 10, 2024.

Copyright © 2024 Soledad Morillo Belloso.

ISBN: 979-8227593320

Written by Soledad Morillo Belloso.

"Sentirás tanta nostalgia que te querrás morir, y no hay nada que puedas hacer al respecto, salvo aguantar. Pero lo harás, y no te matará. Y un día saldrá el sol. Quizá no lo notes de inmediato, pero será esa sensación. Y luego te darás cuenta de que estás pensando en algo más, o en alguien que no tiene ninguna conexión con el pasado. Y entonces sentirás que la culpa te acecha pero no te vence. Y tu nostalgia se volverá dulce; dejará de ser una cadena para convertirse en una brisa suave."

-Eilys, del film Brooklyn

¿De qué color es la nostalgia? ¿A qué sabe? ¿Cómo huele? Eso me pregunto. De veras, no lo sé. Creo que se emancipa de uno y va cambiando de color, de olor y sabor. Nostalgiar (verbo no aprobado por la RAE pero que magistralmente acuñó Benedetti) y recordar no son sinónimos. Se puede tener buenos recuerdos de algo que uno ha apreciado y cuya evocación nos deleita, nos produce alegría y placer. Recordar puede ser agradable. Viajes, comidas, emociones, alguna fecha, una celebración. O malo si se trata de algún percance, algún traspiés, algún desatino.

Conservamos fotos y souvenirs porque queremos revivir esos momentos de felicidad. Yo tengo centenares de fotos con Arnaldo o de él. Es incuantificable lo que valen para mí. De hecho, a veces los recuerdos son mejores que lo ocurrido, porque los seres humanos buscamos embellecer esas memorias para darles todavía más valor.

Pero una cosa está clara y así lo marcó Benedetti: no es posible nostalgiar sin que haya habido amor real, genuino e intenso. Nostalgiar es entrar en el kilométrico túnel del extrañar, del echar de menos. Nostalgiar es un río caudaloso que no cesa, que nos arrastra en su cauce. Es una constancia que se siente infinita. Un estado de sitio sin fecha de término. Se nostalgia a todas horas. Y duele, siempre duele. Duele mucho, profundo, denso, con peso específico, caray, duele largo.

Yo no recuerdo a Arnaldo. Tengo recuerdos con él, miles, pero a él como persona, como hombre, como marido lo nostalgio. Y también, en igual medida, nostalgio a la mujer que fui con él y que ya no soy, ni seré. No es que uno haya cambiado. Es mucho más complicado; uno ha dejado de ser. No tengo ni la menor idea de cómo es esto de vivir sin él. Y no es sólo en los asuntos grandes. Es también en detalles, en esas pequeñas cosas cotidianas. Porque nuestros vein-

EL COLOR DE LA NOSTALGIA: NADIE TE DICE LA VERDAD SOBRE EL DUELO

tidós años juntos estuvieron repletos de asuntos complejos y también de un variado ser y estar diario.

El concepto del tiempo cambia, para mal. Todo pierde sentido. Ayer, hoy, mañana. Da igual. Desde que murió Arnaldo, todos los días doy una vuelta de 360 grados.

La generación de nuestros padres estaba preparada para la viudez. Quizás porque habían pasado varias guerras, el país se estaba construyendo con no pocos riesgos físicos y ellos hubieron de plantar cara a enfermedades hoy evitables u hoy ya no letales. Tenían más conciencia de lo frágil de la vida. Sentían que siempre estaban en riesgo, que la muerte propia o de la pareja era un sino, un destino dibujado en su línea de vida. La longevidad no era un valor preciado. Mi mamá murió a los 93 años, pero mi papá a los 74 años y Mami, un año menor que él, fue viuda por varios lustros. Y para su fortuna y la nuestra, la mayor parte de esos años de viudez no fue infeliz.

Veo estadísticas, sólo para certificar cuán poco pesan e importan. Hay muchas más viudas que viudos. Pero hay muchos más viudos que vuelven a casar que viudas firmando documentos de nuevo matrimonio. Pareciera -y es sólo una hipótesis- que las mujeres aprenden los vericuetos del oficio de la viudez, mientras que los hombres no conciben la vida sin pareja. Seguramente es tema de estudio en las facultades de Ciencias Sociales.

A nosotros la enfermedad de Arnaldo nos tomó por sorpresa. Nos revolcó, vapuleó, ordeñó, despedazó y finalmente nos mató. Y hablo de nosotros, conjugando en plural, de él y de mí, no por error sino por precisión. Porque este trance nos ocurrió a los dos. Enfermamos, ambos; sufrimos, ambos; y en cierto modo, ambos morimos. Pero, por contradictorio que parezca, no envidio a quienes habiendo pasado por una experiencia semejante están bien. Quizás eso significa que el amor en esa pareja no era crucial para ambos. Tal vez no compartieron todo en vida; tal vez tuvieron una convivencia buena y reposada, sin mayores altibajos. Para nosotros eso no hubiera sido suficiente. Fuimos exploradores de la vida y, sí, es cierto, intensos. Lo nuestro no fue nunca un amor cómodo y suavecito. Nos concerníamos. Éramos muy sociables pero nada nos gustaba más que estar el uno con el otro. Ahora, sin él, no sé quién soy, pero sé que soy una mujer muy distinta. A la soledad me puedo acostumbrar; a este vacío de la ausencia de Arnaldo no. Me dicen que nadie es indispensable, y es cierto. Pero para mí él es insustituible. Toda mi existencia está pintada con el color de la nostalgia.

No existe tal cosa como un matrimonio perfecto. La vida en pareja es un desafío diario, sobre todo para quienes se quieren en serio y a quienes lo que los une no es la conveniencia, o la costumbre, o la comodidad o la incapacidad para enfrentar un fracaso.

En el matrimonio hay que hacer muchas concesiones, que no renuncias. Y es un contrato. Uno se compromete a cumplir obligaciones y adquiere derechos. Si hubiera sido yo quien enfermara gravemente, estoy segura que Arnaldo se hubiera ocupado y preocupado tanto como yo lo hice. No sólo hubiera estado a mi lado a ratos. Él también me hubiera cuidado. Por amor, por ética, por moral, por responsabilidad. Y hoy estaría tan destrozado como yo. Sólo que él era mucho más inteligente y de seguro sabría qué hacer con este infinito sinsabor. El sabría vencer este endemoniado sinvivir que a mí me ha derrotado.

Yo escribo. A veces no logro hacerlo bien. Hay días en los que me siento frente a la pantalla, la veo en blanco y no me sale ni una sola letra que valga la pena leer. Pero escribir es mi único y último recurso. Es mucho más que una terapia. Es el único oxígeno que queda en mi bombona. Al escribir intento definir, sin lograrlo aún, cómo vivir cuando mi vida entera está pintada de ese color, el color de la nostalgia.

Un mes

Hago lo que puedo, de a poco. Lo que el cuerpo y el alma me permiten o me dan patente. No me fuerzo a nada. Voy sacando su ropa. Huele a él.

Encontraré las cosas que dejó escondidas. Por ahora, conseguí el reloj. Se lo regalé cuando nos casamos. Y le fascinó. Será para Miguel Ángel. En los dichos y en los hechos, su hermano. Estoy segura que lo apreciará. Y cuando lo use le vendrán a la memoria algunos buenos ataques de risa. También apareció el reloj que era de su papá. Lo daré a Álvaro José, el mayor de sus sobrinos.

Hoy hace un mes de su muerte. No me siento capaz de ir a misa. Mi cristianismo está en remojo.

No son esas cosas grandilocuentes. Son las pequeñas, esas que lucen como triviales y bastante idiotas. Ayer apareció un bicho. Instintivamente lo llamé. Y no, no está.

Sonido

Arnaldo se levantaba cada día antes del amanecer. Yo lo sentía cuando salía del cuarto.

Era metódico. Como a mí, le gustaban las rutinas. Se servía un café y procedía a escribir saludos para su familia y amigos. Y siempre una nota para mí: "Nené, buenos días. Te quiero mucho".

¿Cómo es la vida sin ti? No la entiendo. Todo es tan incomprensible, tan estúpido, tan insensato, tan irremediable.

Ayer hablé por primera vez en días. Con mi hermana Mercedes. Para saber de mi cuñado recién operado. Rompí el silencio con mi voz. Luego de colgar volví a callar.

En el balcón escucho el rumor suave del mar. Es sonido, no ruido. Estoy. Soy. No queda de otra. Esto es lo que hay.

Navajas

Te dicen que si lo ves muerto la idea de que ya no está la "procesas" rápido. Procesar. Vaya palabreja fea. No es cierto. Todavía siento que en cualquier momento va a abrirse la puerta, o me vas a llamar, o me llegará una nota tuya. Cada camisa que saco, que doblo y que meto en una caja me lleva a algún lugar, a alguna escena de nuestra vida. Nosotros tuvimos historia. Ahora somos historia. Pasado. Sólo pasado. No sé cómo metabolizar eso.

Aparecieron tus navajas. Victorinox. Multiuso. Nunca salías de casa sin una en el bolsillo izquierdo. McGyver.

Le voy a dar tu neceser de viaje a Oscar, con tus cosas de afeitar. Para ti afeitarte no era un acto irrelevante, era un ritual casi sagrado.

Ayer me descubrí sonriendo mientras veía una película inglesa, "The Duke". Te hubiera gustado. Ah, el humor británico, tan inteligente.

¿Especiales?

Algunos dicen que soy muy cerebral. Nada que ver. No lo soy. Más bien me trago las emociones. Mi papá me repetía hasta el cansancio: "Lo que no te mata, te hace más fuerte". Hasta que murió su hijo y ahí esa fortaleza, esa reciedumbre, ese coraje de Pancho Morillo se hicieron añicos. Hay dolores que despedazan. Yo sólo expongo mis sentimientos cuando ello sirve para algo. Los dreno escribiendo. Los psicólogos lo llaman catarsis. Yo lo llamo supervivencia.

Recibí una invitación para dar una charla sobre el dolor de atravesar el cáncer. Me siento absolutamente incapaz de hacerlo. Puedo escribir sobre ello, no hablar. Se me quedarían atascadas las palabras.

Arnaldo y yo tuvimos un matrimonio imperfecto. No fuimos ni él ni yo peritas en dulce. Y precisamente por eso, y porque nuestro nivel de exigencia era muy alto, buscábamos la forma de superar los problemas. Se llama "you are willing to compromise". Y eso supone ceder. No se trata de tolerancia, un concepto que no me gusta. Es más bien un asunto de gustarse, de quererse como somos.

Luego de cada pleito —y vaya si los hubo y era difícil discutir con Arnaldo— la conclusión era la misma: que más pesaban las razones para continuar juntos que los desencuentros que nos hacían pensar en separarnos. Huíamos de la simpleza como de la peste. ¿Una relación vehemente y compleja? Sí, desde el día uno. No la hubiéramos querido de otro modo. En honor a la verdad, los convencionalismos nos importaban un bledo. El "comme il faut" nos aburría. Hay quienes dicen que éramos "especiales", y no precisamente como un halago. ¿Especiales? En realidad, nadie es especial. Quizás, con suerte y si no caemos en la torpeza del mimetismo, si dejamos de creer que somos mejores, si no nos confundimos en la multitud, logramos entender que cada ser humano es único, no especial.

Conseguí los lentes de sol Aviator Ray-Ban. Para Chapa, junto con el dremel y una navaja. La cámara fotográfica es para mi cuñado Nancho. Se la regalé cuando cumplimos un año de casados. Con ella plasmó nuestros recorridos. Me perseguía para hacerme fotos. Bien sabía que lo detesto. "Al menos, ¡déjame peinarme y pintarme la boca!"

Sin gasolina

Todos los días leo la prensa. Todavía hay gente que escribe bien. No veo televisión local porque francamente toda ella es mediocre. Escucho algo de radio. Poco. También deja mucho que desear pero al menos hay uno que otro programa que vale la pena. Paso de los líos en las redes. Paso de la chismografía tan cercana al albañal. Paso de los rumores prefabricados que convierten a la sociedad en un reducto de sofisticada ignorancia. Paso, por supuesto, de los influencers y de todos los exegetas de la autoayuda. En realidad, me aburren. Prefiero leer, ver películas, series, documentales, conseguir algo que valga la pena en portales, algo que no esté vaciado de contenido relevante. Leo textos de buenos autores, o más bien releo. Y escribo. Al cerebro no se le puede mal nutrir.

Sigo casi en silencio. Hablo lo indispensable. Nomás. Procuro no tener que responder a interrogatorios repetitivos. Limpio como loca. Maniática. La mujer del pañito. Así me llamaba Arnaldo. "Eres la única persona que conozco que tiende la cama en los hoteles". Y se reía cuando yo sacaba de la maleta el potecito de limpiador de baño.

El dolor descarrila todo. "The shrink" —sí, contra mi voluntad me veo con un especialista y sí, tomo antidepresivos— me dijo una cosa interesante que no había escuchado ni leído: "Al dolor hay que dejarlo sin gasolina. Si lo estacionas, si lo dejas en el garage de tu vida y no le gastas la gasolina, seguirá ahí. No hay que morigerar la situación ni disfrazar ese dolor. Tampoco meterlo en un cajón. Hay que gastarlo. El dolor seguirá existiendo, pero sin gasolina no podrá moverse. Se quedará sin posibilidades de agredirte. No huyas de él. Míralo de frente, confróntalo en tus términos y gástale la gasolina. El no desaparecerá, pero aprenderás a vivir con él".

SOLEDAD MORILLO BELLOSO

Amanece en Pampatar. Las tijeretas vuelan sobre el mar. Ah, si yo pudiera volar, me iría lejos, tan lejos.

Día treinta y cinco

Me meto bajo la ducha. Dejo que el agua suavice mis angustias. Que lave mis rabias. Que limpie mis procuras. Que alise mis recuerdos. Que haga de seda mis miedos.

Tomo la toalla, seco mi cuerpo. Evito que se me resfríe el alma. Que se me cuele una pesadilla. Que se me anude el pelo. Que se me pinten los no puedo. Y se me borren los te quiero. Me miro al espejo Desnuda. Descalza. Tan pequeña, tan breve. Sin nubes. Sin velos. Con cicatrices de tantos desvelos.

Me siento en la penumbra. A ver a todas partes y a ninguna. Buscando, buscándote. Y en ninguna parte te encuentro. Me toco los ojos ajados de dolor, mojados de tristezas, sofocados de misterios.

Me miro las manos. Delgadas, surcadas de arrugas. Me enseñan lo que ellas saben y yo no sé entender. A saber aceptar. A saber suspirar. A saber caminar. A saber nostalgiar.

Y entonces, con paciencia y sin prisas, tejo y destejo un te espero. Siempre espero que se abra la puerta y llegues con algún te quiero.

Ni novia fea ni muerto malo

Eso dicen en los pueblos. En los velorios siempre hay algún amigo o pariente encargado del panegírico. Y ahí el convocado arranca a recitar las virtudes del difunto. Siempre hay algunas "misias" que lloran desconsoladamente cual plañideras de oficio. Y un borrachito que lanza al vuelo frases incomprensibles destacando anécdotas del "compai".

Arnaldo no tuvo velorio. El no lo hubiera querido y yo, luego de todo lo que pasó, simplemente no lo hubiera aguantado. Contra todo pronóstico infundado, yo no creo en los velorios. Y menos en el estilo venezolano. Y Arnaldo tampoco creía, aunque fuimos a muchos sepelios para presentar nuestras condolencias. Cada vez que salíamos de uno nos mirabamos y nos decíamos uno al otro "a mí, no". Hubo en cambio una sencilla misa oficiada por Ugalde en la capilla pequeña del San Ignacio. Carolina dijo palabras hermosas. Sé que había mucha gente. Familia, amigos. Estuve ahí, en silencio. Miguel Ángel me tomó de la mano. Ese día también está envuelto en niebla. Y al terminar, mucha gente me abrazó. He debido poner un libro de condolencias. Así podría agradecer a quienes un 23 de diciembre, a horas de la nochebuena, acudieron a demostrar afecto.

Enero y febrero suelen ser los mejores meses del año en Margarita. Amaina el calor, el sol brilla, los cielos son azules y llueve poco. Cada mañana me levanto temprano, me sirvo un café y salgo al balcón a ver el amanecer. No reviso mi teléfono. ¿Para qué? No habrá una nota de Arnaldo.

Entrada la mañana salgo a caminar. Un par de kilómetros apenas. La pierna todavía molesta y no da para más. No hago vaticinios. Sólo veo el mar y respiro. Y no, no rezo.

Corbata

Soy una escritora sin estructura. Escribo. Sin esquema previo. Nada de plan. Voy soltando sobre una página en blanco lo que se me cruza por la mente. Hoy es viernes. Hace meses que no sé lo que es un buen viernes. O un lunes o un martes. Tampoco un miércoles o un jueves. Y mucho menos un sábado o un domingo. Pasan los días. Uno igual al anterior. No disimulo. No quiero hacerlo. No quiero fingir que todo está bien cuando la realidad es que todo es un portentoso disparate, sin manual de instrucciones. Estoy como pasajero en un navío extraviado en la inmensidad del océano

Ayer me ocupé de las corbatas. Le encantaban. Las doblé con mucho cuidado y las metí en una caja para enviarlas a un muy querido amigo. La corbata tiene su origen en Croacia.

No puedo imaginar ir sin él. Hay cosas que pierden todo sentido.

No me estoy deshaciendo de las cosas de Arnaldo. Les estoy dando uso y vida. Las van a tener personas que las aprecien. Cada cosa tiene algo que contar. Es una página de nuestras vidas.

Contigo

Rutinariamente, adrede, como un ejercicio de piedad conmigo misma, desempolvo la memoria. Desoigo los pálidos consejos de la paciencia. Visito mis recuerdos. Esos con olor a papel y tinta, a sobre y estampilla. No ha tanto tiempo mis sueños me desbordaban. Hoy caben en un dedal. Contigo quería cabalgar nubes. Contigo pintar con los dedos. Contigo cruzar océanos. Reinventarnos y reinventar. Encontrar de la A a la Z en cada palabra un color. Y ahora encontré el gris del dolor.

EL COLOR DE LA NOSTALGIA: NADIE TE DICE LA VERDAD SOBRE EL DUELO

Tengo la retina opaca. Mis dedos olvidaron el camino de vuelta en el abecedario. La página en blanco. La tinta traslúcida. ¿En dónde se esconden las letras? ¿En dónde estás tú?

Tengo la retina opaca. Mis dedos olvidaron el camino de vuelta en el abecedario. La página en blanco. La tinta traslúcida. ¿En dónde se esconden las letras? ¿En dónde estás tú?

Torpe

Despacio, deprisa. Un pie frente al otro. Con calma. Esquivando las vallas, los dolores, los tropiezos. Una bocanada de aire. Y otra... y otra... y otra más. Bebiendo oxígeno. Despacio, deprisa. Busco. Una palabra en voz baja. Tan sólo un susurro. Un adverbio que defina. Un sustantivo que alivie. Un grillo que cante buscando compañía. Una mariposa que adorne. Un pájaro que vuele. Un soplo en la pupila. Una brisa que me hable quedo. No hay un grito que quiebre el silencio. Despacio, deprisa. Estoy muda, nadando, extraviada en los recuerdos. Te fuiste y perdí mi voz, mi letra, mi palabra. No consigo el verso.

Nada marca el rumbo en medio de este sombrío silencio. No hay cartel con el por dónde ir, para llegar al más nunca. Escribir. Descalza. Es lo único que me apacigua. Quizás si lo hubiera querido menos. Pero no sé estar. No sé cómo ser yo. Quizás porque no sé ya quién soy. Sólo quiero callar. Aunque soy torpe hasta en el silencio.

Tres palabras estúpidas

El y yo jamás permitimos que nos manejaran la vida, por mucho que algunos lo intentaron. Tanto menos voy a permitir que nos manejen la muerte. La vida, la nuestra, nos perteneció. Ahora tengo los papeles de propiedad de esta muerte.

Nadie, absolutamente nadie, tiene derecho a decirme qué debo o puedo sentir y hacer. Me declaro independiente hasta en eso. Ejerzo mi derecho a esa libertad. Mis sudores son míos.

Ayer caminé por la playa. Estaba sola. Sola la playa, sola yo. Así quiero estar, sola. Rumiando esta pertinaz rabia que, bien lo entiendo, es la más turbia y desgastante de las emociones. No doy explicaciones. Son como un traje al que le sobran metros de tela. Pienso en voz baja. Sólo yo me escucho. Lloro seco. Hasta las lágrimas se marchitan.

La mitad del tiempo creo que en cualquier momento va a aparecer. Que está de viaje. Que va a abrir la puerta y el primer pleito va a ser por la maleta hecha sin orden.

Las otras horas mi cerebro me estruja la verdad en la cara: no está, no va a estar. De todos los problemas de la vida, la muerte no deseada y que no fue posible evitar es por mucho el peor de los que podemos guardar en nuestro archivo allá en lo profundo del inconsciente. Porque no tiene reparación. No admite zurcido invisible.

Consuelo, aceptación, resignación. Tres palabras, a cual más estúpida. Las detesto. Habría que borrarlas del diccionario. Quizás Pérez Reverte pueda hacerlo.

Pausa

Veo tu retrato. Irremediablemente me sumerjo en tu mirada infinita. "Verde, que te quiero verde", escribió Lorca. Me sepulto en tus silencios que tanto coinciden con los míos. Para hacer un mundo elocuente. Me escapo de los sueños descabellados e indignos que me proponen olvidar. Me guardo para mí mis recuerdos, para no tener que saber que desandan tus caminos. Me maquillo una sonrisa para que nadie vea que el dolor es ya casi desvarío. Me visto de perfume para que mi piel crea que los años no la visitan. Estoy en modo de pausa, buscando entender esas cosas en mi vida irremediablemente tristes.

Amaneció en Pampatar. La vida sigue. Lavo las sábanas. Y la cama sigue oliendo a ti. Tu almohada tiene tu huella. Estás aquí aunque no estés. Y no, no quiero que te vayas.

Aterrizaje forzoso

Cada vez que alguien me dice que me tengo que reinventar, las mismas preguntas se agolpan en mi cerebro: ¿con qué, con quién, para qué? En este interrogatorio al que tanta gente me somete, con la pedantería de quien ve el mar pero no se zambulle en él, ni tan siquiera me aproximo al cómo.

Reflexión. Pienso en eso de gastar la gasolina del dolor. Suena demasiado académico, a tópico, a eslogan barato. Pobre psiquiatra. Pensó que lidiaba con una viuda normal. Pregunto: ¿Cómo se gasta esa gasolina? Le digo que no pretenda venderme una solución de cajita. Tengo agotamiento vital, cansancio de vivir. Más que cansancio, es hastío, hartazgo, desolación. Eso le digo en la que será la última sesión. Me escucha y se queda sin palabras.

Con la muerte se acaban muchas cosas. Simplemente desaparecen. Se esfuma el hacer todo pensando en que somos dos. La comida, lavar la ropa, decidir qué película ver, compartir la lectura, estar con amigos, armar planes. Hasta para pelear se necesitan dos. Ahora no somos dos. No hay conversaciones, ni triviales ni profundas; tampoco silencios a dúo. Queda el amor. A distancia. Ese no expira, no tiene fecha de caducidad.

Supongo que con el tiempo vendrá la costumbre, uno de los peldaños de esa ridícula escalera del duelo que está en toda la literatura. Pero no llegará el olvido. Mil veces no. Eso sería deslealtad.

Por meses volé en medio de un temporal de incertidumbre, entre aterradoras nubes de angustia, desconcierto, desesperación. Ya no. Ya aterricé. Fue un aterrizaje forzoso. El más importante pasajero murió. Para mí no es tan sólo "una víctima que lamentar". Soy la viuda de ese pasajero.

Y ahí está, como una constante en la ecuación, la sensación incolora, inodora, insípida. Como si todo hubiera perdido sabor, aroma, lógica. Todo es gris. Y tan y tan estúpido.

Por ahora, decreté reposo voluntario hasta el 15 de febrero. Luego tengo que conseguir a dónde mudarme y tengo que buscar trabajo. Ser capaz de salir del hueco financiero en el que caí. No es la primera vez que quiebro. Sólo que ahora no soy joven y no sé de dónde voy a sacar la fortaleza y las ganas para ponerme en pie de nuevo. Y no, cumplo con informar, lo de "Dios proveerá" no aplica.

Sé que Arnaldo está bien. Sufrió enormemente durante todos esos meses. Fue un valiente. Algún idiota pretenderá darme razones. No las hay. Su muerte es una escena del teatro del absurdo. Pero ya no sufre. Y no, por fortuna los muertos no miran para abajo. Si se fueron para "mejor estar", sería una broma muy poco elegante que fueran condenados a ser vigías de lo que dejaron. El sol se oculta. Cuando anochece lo extraño más.

Dos caras

Si todos tenemos derecho a la felicidad, por elemental lógica tenemos derecho a la infelicidad. Si tenemos derecho a la alegría, lo tenemos también a la tristeza. Toda moneda tiene dos caras.

La muerte de Arnaldo es un golpe para el que no hubo modo de prepararme y del que no puedo escapar. No le digo a nadie cómo manejar un dolor intenso. Creo que cada cual tiene su propio modo. La vida me declaró la guerra. Una guerra sin cuartel. Camino entre las ruinas. Y le pregunto a la vida: ¿y esto es vida?

Me niego a comprar esas frases cursis y tan desangeladas de los libros de autoayuda. No escucho empalagosos consejos plagados de voluntarismo. Es cierto que a la realidad hay que verla de frente. No hay que maquillarla. Si hace un año alguien me hubiera pronosticado lo que pasaría, le hubiera dicho que había perdido la razón. Aparte del severo problema de visión y alguna que otra gripe, Arnaldo siempre estaba bien. Tomaba una aspirina al día y vitaminas. Gotas para sus ojos afectados. Nada más. La que frecuentemente tuvo percances de salud fui yo.

Las enfermedades y la muerte son enemigos cáusticos, ladinos y muy traicioneros. Manejan el lenguaje de la insidia y con él escriben un relato de atrocidades. Entran como terroristas en la escena. Rompen todo a su paso. No saben de compasión ni piedad. Y montan su cadalso.

El único requisito para morir es estar vivo. Hay quienes se creen inmortales y andan por la vida irresponsablemente, sin medir el perjuicio de sus actos. En su complejo de superioridad, se creen el centro del universo y cometen el grave pecado del desprecio, de la falsedad, del creer que tienen derecho a la primacía. ¡Ah, cuán errados están!

Arnaldo fue muy bien querido. Durante todos esos meses de penosa enfermedad, mucha gente estuvo atenta, remando a favor. Sus médicos y todos los profesionales de la salud que lo atendieron lo trataron con aprecio, consideración y, sobre todo, con mucho respeto y sentido humano.

Hubo quienes no se ocuparon. Por repulsiva indecencia. Lo mal quisieron. No pueden pretender ahora reclamar comprensión y palmas. Uno tiene que saber por dónde pisa. Todos dejamos huellas. Si nuestro paso es bueno, justo y decente, esas huellas hablarán bien de nosotros; si es trivial, frívolo e inmoral, la vergüenza nos perseguirá. Nuestro comportamiento marca el destino. Algunos lo llaman karma. Yo lo llamo lógica. Quien se porta miserablemente, pagará con miseria. En lo que a mí respecta, se pueden trepar a lo alto del mástil, a saber, el carajo. Es tarde para excusas. Es leche derramada. A buen entendedor, pocas palabras.

Lo peor de la muerte es lo irremediable. No tiene vuelta atrás. Arnaldo y yo estuvimos juntos muchos años. Y, aunque para algunos suene a radionovela del mediodía, hoy seguimos juntos. El cuerpo muere; el alma no. Hoy sé que no es cierto eso de "hasta que la muerte nos separe".

Últimas palabras

Hay cosas irrelevantes. La mayor parte de los pleitos lo son. Pero hay rabias importantes. Son la forma en la que el espíritu se rebela contra la maldad, el absurdo y la injusticia. Uno tiene que vivir en concordia con principios y valores. Entender que una cosa es equivocarse (todos lo hacemos) y otra muy distinta comportarse de manera indigna.

No juzgo a Dios. Ni le reclamo. Creo en Él, pero no creo que le haya producido el cáncer a Arnaldo o las bacterias que lo consumieron. Tampoco creo que Dios haya decidido "llamarle a su presencia". Si lo pensará, tendría serios dilemas de fe. Es cierto que me cuesta pisar una iglesia. Llego a la puerta y me paralizo; no consigo entrar. No porque culpe a Dios de lo ocurrido. Es más bien porque creo que a un recinto sacro no se debe entrar con el espíritu contaminado de rabia. Y la mía es indisimulable. Mikel me entendería, aunque tal vez hubiera discrepado. Ah, los jesuitas son complejos. Pero Mikel no está.

La única emoción negativa que me ha dejado de atormentar es ese miedo que por meses estuvo emplazado en mi alma. Ya no está sobre mi espalda, ya no me estrangula, ya no camina conmigo. Se ha ido. Yo ya no le temo a nada. Siento que ya nada peor puede pasar.

Queda la rabia, incandescente, que se me combina con una espesa tristeza y un agotamiento que no se gasta. Pero como no me creo especial ni diferente -y soy por tanto una estadística-, supongo que es cierto eso de que esos pesos con el tiempo se aliviarán. En el mundo hay un aproximado de 258 millones de viudas y unos 65 millones de viudos. Estoy segura que esas millones de personas la han pasado muy mal. Y de alguna parte sacaron fuerzas. O no.

Claro, no me precipito y no acepto presiones de nadie. No admito juicios de valor. No existe un "viudómetro". Este duelo será a mi manera, en los tiempos que yo decida y necesite y, por supuesto, sin formalismos. Un duelo tiene que ser profundo, no puede ser una pacotilla de bazar. No me sale vestirme de color. Ni siquiera me pinto las uñas de rojo. Al luto no le pongo fecha de término. Será cuando sea, cuando yo y sólo yo lo decida. Cuando a mí me dé la gana. Y alguna vez me da la gana. Y ahí, cuando se lo dije, la psiquiatra cayó para atrás. Me preguntó si pienso en el suicidio. Le respondo que todo el tiempo. Le apunto que no debe preocuparse. Para suicidarse se requiere un coraje y una valentía que yo no tengo.

Si pudiera, me iría unos meses a otro país, a una pequeña ciudad en Europa donde no conozca a nadie y nadie me conozca, a la que nunca haya ido con Arnaldo. No me siento capaz de reanudar los caminos de esos recuerdos. Al menos no todavía. Pero igual no puedo irme. Está totalmente fuera de mis posibilidades. Así que me conformo con estar en Margarita, mirando el mar y procurando algo de paciencia y paz. Reconozco que Caracas me resulta agobiante.

Las últimas palabras de Arnaldo fueron: "Te quiero; dame un beso". Me tomó de la mano y entró en un letargo que no tengo cómo describir. Horas después se apagó. Ese "te quiero" aterciopelado me acompañará y abrigará el resto de mi vida.

Álvaro y Arnaldo

Todavía estiro la mano para buscarlo en la mitad de la noche. ¿Estoy en negación? Ojalá lo estuviera. Ojalá mis letras me permitieran inventarme una novela en la que todo lo que pasó no pasara. Ojalá pudiera crear una historia linda y muy romántica con final feliz, como en esas películas domingueras de Hallmark. Seguramente caería en un conveniente estado iluso, de realidad paralela. Pero mis dotes no dan para eso. Soy demasiado realista.

Ayer hubo una misa en Caracas por el mes de la muerte de mi cuñado Álvaro Frías. Otra muerte inútil. Estoy en Margarita así que no estuve. Me dicen que la misa fue linda. Celebro que los Frías Arnal reciban gestos de cariño. No quiero que sufran más.

Álvaro era como Arnaldo: impecable. De vestir atildado. Ambos eran de esos que se peinaban y pasadas las horas seguían perfectos. Las camisas planchadas metidas con simetría dentro del pantalón.

Arnaldo y Álvaro se llevaban muy bien. Y se querían un montón. Ambos eran rebeldes con causa. Ácidos en los comentarios y muchas veces irreverentes. Allá donde están, seguro hablan de música, de jardinería y de mujeres bonitas.

María Elena está triste. Yo estoy triste. No estamos en negación. Sabemos que no sirve para nada. Ambas saldremos del pantano, ella por seguro antes que yo. Algún día al dolor se le acabará la gasolina y pasará a ser un habitante inerme en nuestras vidas.

Pasos lerdos

Me adentro en recuerdos. Esos que a veces, aunque esquivos, nos murmuran en medio del sueño. Una calle, un sorbo de agua cuando estábamos sedientos. Una sonrisa, una lágrima, una mirada. Un pleito, un reclamo, un simple te quiero. Todo eso que compartimos por años de amor sincero. La pasta de dientes, los caminos, un vaso de agua, un café, un sendero. Una pena, una alegría, un fracaso, un logro, un paso frente a otro, un reposo por cansancio, un plato azul, una mirada, una tonta carcajada, un descubrimiento.

Nada como el silencio para entenderse y entender.

Aunque navegué en tus ojos verdes y naufragué en tu aliento, tú y yo aprendimos que sin luz y sin ruidos se oye mejor el viento. Que hablan entonces los gestos, las manos que acarician y los dedos que escriben, que tocan, que hablan el idioma de las verdades y los misterios.

Nunca es tarde si aprendemos que el corazón cuando ama es como las mareas. Nos habla de cerca, nos besa de lejos. Que decimos más cuando callamos. Que queremos mejor en la penumbra y en el silencio. Eso lo supimos en tantos años de querernos.

Hoy caminas sin mí y yo sin ti. Tú estás bien. No quieras saber cómo estoy. Que tú ya no sufras ha de bastarme. Eso y el sentir que se puede hacer realidad una fantasía, que es posible que nuestros pasos se encuentren cada día en las estrellas y en ese silencio que nos pertenece.

Las retinas tienen memoria

Quiero borrar de mi película las escenas dramáticas de Arnaldo enfermo. O debería decir una secuencia, porque esos meses fueron una sola, compleja y dramática secuencia. Ese hombre tan desvalido, adolorido y tan apesadumbrado, ese no era él. Una vez leí que las retinas tienen memoria. Me niego a que en esa memoria prive su cuerpo destrozado por encima de su verdadero ser.

Algunos piensan que Arnaldo era conservador y cuadriculado. Nada más lejano. Y si alguna vez lo fue, seguro que fue infeliz. Un hombre que cada día buscaba algo nuevo que aprender, que miraba y estudiaba el cielo fue, por fortuna, alguien que siempre quería ver más allá de lo convencional. Eso, el romper el molde, el salirse de la cajita, fue una de las razones por las que me enamoré de él.

Cuando yo me deprimía y desesperaba por los problemas que se sucedían en una retahíla con sabor a interminable, él lograba ver un caminito de salida.

"Muchas de las estrellas que vemos brillantes en el cielo, están muertas. Pero hay muchas nuevas, que todavía no vemos", me decía.

Cada noche veo al cielo. Y me acuerdo de tantos lugares y tantas noches en las que me enseñó que el universo cambia todos los días, que en su inmensidad nos hospeda.

En algún lugar de ese cielo está. Y está bien. Está tranquilo y feliz. Viendo estrellas, comiendo chocolate, leyendo. 31416...

Sin disimulos

Lloro, no para descargar, sino para intentar esquivar la insania. Para no sentirme tan fracasada. Para no darle al dolor el poder para aplastarme. Para no asfixiarme en la pesadumbre. Lloro porque es la única forma de abrir las compuertas para desaguar las rabias. Lloro porque soy incapaz de jugar a la indiferencia. Porque el amor no se acaba con la muerte. Lloro cuando nadie me ve.

Las lágrimas son alaridos silenciosos del corazón. Cuando yo era joven había una canción cuyo estribillo decía: "How can you mend a broken heart?"

Luego de una debacle, uno no sigue viviendo porque vea claro el panorama, porque sienta que ya pasó el temporal o porque la "crisis" parezca como si se hubiese esfumado con la muerte. Uno sigue viviendo porque la vida no da otra opción. Respirar no es un acto voluntario. No es como caminar, o comer, o bañarse. Simplemente ocurre.

Arnaldo hubiera sabido cómo ser viudo. Hubiera estado triste, muy triste, pero él hubiera puesto su mirada en el cielo y me hubiera visto allí, peleando, riendo, escribiendo. Y cada día hubiera despertado pensando y sonriendo al rememorar alguno de mis muchos disparates. Yo no tengo ni la más mínima idea de cómo ejercer esta profesión de viuda. Pero esa ignorancia es lo de menos. Lo de más, muy de más, es mi torpeza. Sí, soy torpe. No sé cómo ser yo, a secas, luego de tantos años de ser nosotros.

Supongo que aprenderé. Necesidad obliga. Pero será en mis términos, en mis tiempos, a mi modo. Sin disimulos ni presunción de fortaleza. Sin risotadas falsas. Yo no tengo talento para el ridículo. No existe la fórmula perfecta. No hay ciencia del duelo. Tengo que saber entender la elocuencia del silencio. Aceptar que soy frágil. Y sí, por si alguien lo duda, quiero estar sola y no tengo ni la menor intención de ser feliz.

Es sólo otro día más

Quizás sea pretender jugar a ser Dios. Y eso no lo hago. Como tampoco lo confronto pues siempre será una competencia desigual en la que no hay modo de ganar. Eso hace que retarlo sea, además de un craso error, una supina idiotez. No creo que "Dios se llevó a Arnaldo". Creo que Arnaldo enfermó, fue tratado, mejoró, empeoró, se agravó y murió. Esa fue la secuencia. ¿Una muerte inútil? Sin duda. Muy inútil, inaudita, inverosímil, que no beneficia a nadie y que perjudica a muchos.

Me acosa por las esquinas una pregunta: allá donde está, ¿estará bien? Quiero suponer que "allá" no está enfermo, que "allá" no le duele nada, que "allá" no tiene tubos mancillando su cuerpo, que "allá" no lo pinchan ni lo cortan, que recuperó la visión. Quiero pensar que "allá" se levanta temprano, dibuja, come chocolate, escucha música, chatea con sus amigos de toda la vida y ha vuelto a leer. De lo contrario, el "allá" sería una magna estafa, una falsa promesa y no valdría la pena.

No me siento con ánimos de sentarme en una iglesia a rezar. Estoy demasiado rabiosa, demasiado desencajada, demasiado triste como para creer que el consuelo y la resignación me van a llegar más rápido porque me arrodille en un reclinatorio, incline la cabeza y una mis manos en plegaria. Cada vez que intento entrar a un recinto sacro caigo en un severo ataque de llanto, que también es una calistenia inservible.

Arnaldo me hace falta mañana, tarde y noche. Cada día, cada hora, cada minuto. Echo de menos todo lo nuestro. Lo trivial y lo trascendental. No fuimos una pareja de esas del basto y ordinario neoromanticismo lírico del siglo XXI. Yo no soy perita en dulce y nadie le ganaba a Arnaldo en lo terco y lo sarcástico. Cuando decía no era no. Y punto y se acabó.

Vivo en un país de decretos. Mañana cumplo 67 años, y ejerzo mi derecho a decretar que no hay nada que celebrar. No voy a fingir que estoy bien cuando es evidente que no lo estoy. Me niego a convertir la escena de mi vida en un montaje con utilería de anime. Así como soy de esas personas que cuando ríe la carcajada se oye a distancia, cuando estoy triste no lo exhibo, pero no lo escondo.

Arnaldo llegó a cumplir 71 años. Y decreto —porque me da la gana— que el día para aplaudirlo es el día de su cumpleaños y no el de su muerte. No voy a convertir el día catorce de cada mes en un ceremonial luctuoso. No voy a ritualizar la desgracia. Nada de misas ni letanías. Nada de la misa del año. Cada 14 será a solas. Cuando uno cumple años debe hacer un ejercicio: tomar todo lo que no sirve y sacarlo de la vida, echarlo por la ventana. Saco esa fecha horrenda de la muerte de Arnaldo del calendario público. La guardo para mí.

Estoy en rebelión. No es el paso del tiempo el analgésico de estos dolores. Lo único que puede cicatrizar esta herida es la lucha, el trabajo. Al dolor hay que enfrentarlo, llorarlo, sudarlo, gritarlo, desgastarlo, cansarlo, agotarlo y, finalmente, arroparlo. Entender que no se va a ir. Será un residente permanente.

Mañana es mi cumpleaños. Sesenta y siete. Es sólo otro día más.

Preguntas sin respuestas

Logré que pasara mi cumpleaños. Con mucha pena y sin gloria alguna. La misma pendeja un año más vieja. Ese día decidí no atender llamadas, salvo de una muy querida amiga de la infancia que también cumplía años. Tenía que evitar que ese día se convirtiera en una catástrofe emocional. No lo logré. No fue como los últimos 22 años. No hubo un beso al despertar. Nada de flores cortadas del jardín. No hubo ese susurrado "Nené, te quiero". Hubo silencio y lágrimas. Hubo mucho de echarlo de menos. Hubo un no estás y no vas a estar. No hay pastillas ni psiquiatra que puedan aliviar este mal de ausencias. La nostalgia es una enfermedad incurable, que no mata, pero destruye.

Me acerco peligrosamente a ese día que me he impuesto como el fin del reposo voluntario. El día del armisticio. Sí, peligrosamente. Porque ese día va a comenzar la vida que me queda por delante. Una vida que no quiero vivir, pero con la que tengo que llegar a algún acuerdo, porque tengo claro que no me queda más remedio que vivir. La vida es inevitable.

Hay una película -medio tonta que vi para matar las horas- en la que el argumento se basa en que la moneda de curso es el tiempo. Con días y horas de vida se paga todo, lo legal y lo ilegal. A pesar de la bolsería de muchas escenas, el concepto es interesante. Yo gastaría todo mis haberes de tiempo. Uno tendría que poder morir cuando uno lo decida, no cuando la muerte decida venir de visita.

Quizás si no hubiera visto a Arnaldo sufrir durante tantos meses, hoy no tendría esos fotogramas cruentos tatuados en mi memoria. La muerte no es como bajar el interruptor y apagar una luz. Y no es, como piensan algunos, un acto morboso eso de abrazar su cuerpo yermo. Ni siquiera se puso frío. Y sólo lo solté cuando mi hermana me forzó, bajo el argumento más tenaz: "Lo tienen que preparar".

Los siguientes minutos y horas son una nebulosa en mi mente. Vagamente recuerdo a quienes llegaron. Le di a mi sobrino los documentos y el dinero para la cremación, y el traje, la camisa blanca y la corbata roja de leones de Venecia. Tenía que estar impecable. Recuerdo la mano de Graciela en la mía. Alguien, no sé quién, creo que me dio algo de comer. Luego tomé una pastilla y me acosté. No, no estuve en la cremación. No lo hubiera soportado.

Los siguientes días fueron también una bruma espesa y fría. Recuerdo poco o nada.

Hoy todo está claro como el agua. Y es, por cierto, irremediable. Eso es lo peor. La palabra consuelo no es sino un vocablo de ocho letras en el diccionario. Una palabra muy cursi. Y cuando me hablan de resignación, se me desata la rabia.

¿Por qué tuvo que enfermar y morir? Es una pregunta que me hago a diario y para la que no hay respuesta. ¿Cómo vivir sin él? Tampoco hay respuesta. No se me diga que son los designios de Dios. Eso barrería con mi fe.

Manga por hombro

No es el tiempo ni la ausencia. Con esos uno se convierte en un perro que da muchas vueltas antes de echarse. Lo único que hace el tiempo es bajarle el volumen al llanto. Pero la ausencia, ah, esa crece, engorda, grita más, tiene más peso específico.

Voy de a poco, pagando deudas, intentando preparar trámites legales que detesto. Ayer por la tarde fui a tomar café con una muy querida amiga. Tengo que intentar hacer cosas agradables. Eso forma parte de este complejo asunto de la viudez. Pero ha de ser sin forzarme. A juro, nada. Anoche logré dormir seis horas de corrido.

Tengo que mudarme. Vendieron este apartamento donde vivo y no me queda de otra que buscar otro. No estoy para cambios pero no tengo elección. Y, quién sabe, puede que sea para bien.

Desde este pequeño balcón de mi vida veo el país. Está como yo, manga por hombro. Hoy es 4 de febrero. Hace 31 años comenzó la destrucción sistemática de Venezuela. Y descubrimos nuestro talento para el suicidio.

Terminé de leer de nuevo El Manantial, de Ayn Rand. "El amor es reverencia y culto y gloria y la mirada puesta en lo alto. No es un vendaje para llagas sucias".

Pasar la página

Debe ser la frase más neciamente repetida. Pero decirla o escribirla cientos de veces no la hace más útil.

¿Cómo pasar la página, si eso, en sí mismo, es un acto de frivolidad? La víctima en toda esta historia con final infeliz fue Arnaldo, no yo ni ninguno de quienes lloran. A mí lo único que me queda es huir de la lástima, que debe ser la palabra más necia registrada en el diccionario. Apenas sirve para abrir la puerta del pobrecitismo.

Hay días imbéciles, como ayer, cuando todo cuesta. Te pasas las horas en idiota silencio. La mente ya inservible se pone en blanco. Las neuronas no hacen sinapsis. No hay pensamientos. Con el control vas pasando todos los canales en el dial. Todo pasa de largo. Todo da lo mismo.

¿En qué preciso momento me volví intrascendente, gris? No lo sé.

Desde ayer llueve. Es la perfecta excusa para no salir. Pero hoy tengo unas diligencias ineludibles. Me mojaré.

Tengo que mudarme. Es el peor momento para cambios, para tomar decisiones. Pero como en tantas cosas, uno no escoge los tiempos. Con algo de suerte, uno consigue sobrevivir a ellos. Otra vez empacar y embalar.

Suena el celular. Atiendo. Es Mercedes Elena. Las malas noticias no paran. Ni me atrevo a escribirla. Es demasiado, demasiado.

Como fondo de pantalla una foto de Arnaldo. Mil porqués. Sin respuesta. Es miércoles. Me da igual qué día de la semana es.

Cae la tarde. Dejó de llover. Voy a caminar.

Idiotez

No hay hora en la que no me haga falta. En las cosas más tontas lo echo de menos. Estar en el mercado y que la compra ya no tenga que incluir chocolates y galletas de guayaba. Tuve que agarrarme del brazo de Pacheco cuando me saludó y me preguntó por él. Se quedó de una pieza cuando se lo dije.

Cuando camino por la playa todo lo entiendo todavía menos. Cuando preparo la comida lo hago para salir del paso. Alguien me dijo hoy que ya no necesito una cama grande. Al contrario, ahora la necesito más que nunca.

Hace días que no enciendo su celular. Seguramente está abarrotado de mensajes. No los quiero leer. Detesto a esas mujeres que espían a sus maridos. Recibí una nota de una "señora" que se autocalifica como "viuda de Arnaldo". "Lo quise mucho", escribe. Por supuesto, la "señora" no se identifica con nombre y apellido. Y usa una dirección falsa. Le respondí: "No me sorprende que usted quizás se haya apasionado por Arnaldo. Guapo, inteligente, culto y con unos ojos verdes cuya mirada tumbaba gobiernos. Yo me rijo por el estamento legal vigente en Venezuela. Arnaldo y yo nos casamos el 16 de noviembre de 2007, en el municipio El Hatillo, Caracas. Ello consta en el certificado de matrimonio. Al momento de su muerte estábamos casados y juntos. La ley entonces me reconoce como la única viuda. Cumplí todos mis deberes como esposa y hoy soy la única con derechos legales como su viuda. Ahora bien, si usted quiere hacer un papelón, proceda. No seré yo quien se lo impida. Le pido sí que no vuelva a contactarme. Sea quien usted sea, está de sobra. Atentamente, Soledad Morillo de Arnal."

Acto seguido borré la nota y bloqueé a la "señora". Yo decido qué me importa y qué no. Hay gente que hace de la idiotez una profesión. La ramplonería les puede.

Febrero

Se acerca peligrosamente el día que fijé como fin de lo que, a falta de un título mejor, llamé "reposo voluntario". Sí, lo sé. El aislamiento juega en contra. No hace falta que doctos y empíricos me lo digan. Pero lo que no saben unos y otros es que aislarse hace que uno no tenga que oír frases edulcoradas que no pasan de ser ecos que repiten de caletre lo que escuchan. Sin esa repetición desafinada logro escucharme a mí misma. Me tengo que construir, no reconstruirme. Es más bien hacerme de nuevo. Si nada será igual, es obvio que no lograré salir del foso siendo la misma. Porque esa misma yo se zambulliría en recuerdos. Tengo que ser una nueva yo, nueva, de paquete. Lo malo es que ya, a esta edad, 67, la novedad tiende a ser adaptación al presente de un guión conocido. Como un remake de una película. Y eso, estoy segura, no sirve. Han hecho de nuevo varios filmes. Pero hasta hoy ningún director se ha atrevido con "Lo que el viento se llevó", "El ciudadano Kane", "Matar un ruiseñor", "El acorazado Potemkin" o "¿Quién le teme a Virgínia Wolf"?

Hice una promesa. Y yo soy buena cumpliendo promesas. No a Dios, ni a la Virgen, o a algún santo. A mí misma. No me cortaré el pelo hasta que esta persona que soy no desaparezca del paisaje y deje la plaza libre para mi nueva yo.

Me he fijado dos propósitos, ambos mundanos, que no pedestres. Trabajar afanosamente (en lo que sea) para pagar las deudas, para mantenerme y para, ojalá, poder irme a Europa por unos meses, huir a una ciudad pequeña donde sea una extraña que pueda confundirse entre la gente. Y el segundo propósito es ayudar a todos los políticos decentes —y por cierto que los hay— a construir un discurso, un relato, una narrativa con la que desentierren el espejo, dejen de hablarse a sí mismos y seduzcan a los venezolanos de todas las edades, sea que estos vivan en Venezuela o en cualquier lugar cercano o remoto.

Febrero en Margarita es mes de lluvias nocturnas y días con vientos frescos. Salgo a caminar. Lo hago por disciplina, pero sin obsesión. Sola. En silencio. Mientras camino bajo el cielo azul, pienso. Y en tanto piense y escriba, existo. Regreso cansada, acalorada, sudada, con la pierna resentida que hace sentir su protesta por el esfuerzo.

Es sábado y miro el mar en su ir y venir. No pide permiso. Antes de nosotros, estuvo el mar. Cuando nos hayamos ido, ese mar, que cambia cada segundo, seguirá estando. Somos los más débiles de la naturaleza.

Diagnóstico y pronóstico

No existe el "Manual de la Viudez". Esto no es cuestión de ir al mercado o la farmacia y decirle al dependiente que por favor nos dé un pote o una cajita con soluciones instantáneas. Hay libros y vídeos repletos de frases hechas y bobadas con patas. Son textos que desde los primeros párrafos pontifican y, con insoportable lenguaje condescendiente, venden "curas" que en realidad son ejercicios de fatuidad trajeada de relevancia. Todo eso es una farsa y, para más, con severos errores gramaticales y ortográficos.

Hay que sincerarse, dejarse de volteretas. El trago de la viudez es muy amargo y astringente y no se pasa con sopita de pollo para el alma. Quizás habría que respetar al pollo y al alma, digo yo. "Todo pasa", me dicen algunos. Les respondo que si van a citar a Antonio Machado, pues no hay que borrarle la segunda parte a ese verso, "todo queda". Por lo pronto, soberanamente, decido no usar eso de "viuda".

No hablo de otras personas que han quedado viudas. Cada quien cuece los garbanzos a su manera. Hablo sí de lo que he aprendido al convertirme en una estadística más de la viudez. Este dolor no es ni se parece a ningún otro que haya sufrido antes. Y vaya si tengo historia escrita con tinta de obituarios. No es tan sólo un cambio en el estado civil en el documento de identificación. Es cargar con un revoltijo de emociones —rabia, tristeza, desaliento— y andar a tientas por un laberinto en una dimensión desconocida.

¿Se puede estar sola? Pues sí. De hecho, antes de Arnaldo, viví sola por un montón de años. Ah, pero sentirse solo es algo muy distinto a estar en soledad.

El COVID nos enseñó —a todos cuantos quisimos aprender— a sobrevivir por meses o años en un inusitado y sobrevenido claustro.

Se nos hizo eterno. Cuando finalmente se nos permitió salir, el cuerpo fue muy agradecido, pero el espíritu todavía más.

Ciertamente, la viudez no se sobrelleva con el claustro. Es de elemental comprensión que el aislamiento puede ser un tentador pero feroz enemigo. Y tampoco es cuestión de pretender meter lo que se siente en una bañera de trivialidad modelo siglo XXI, a ver si escuece menos. La viudez no es como el COVID. Que la pandemia fue larga y penosa, pues sí. Pero pasó. La viudez, en estricto sentido, no se acaba. No hay nada más definitivo que la muerte. Es irremediable. Nadie regresa de ella y nadie que haya enviudado deja de ser viudo, ni aun cuando se vuelva a casar.

Es una torpeza de marca mayor el forzarse a hacer o sentir algo. Es anormal "pasar la página". Idiotas favor abstenerse. Esa página no se pasa, ni se va a pasar nunca. Uno tiene que aprender a navegar sin brújula en las aguas de la viudez. Y en esas corrientes no hay expertos; todos somos novatos extraviados. Incluso quienes han enviudado más de una vez saben que un caso no es igual al otro.

La viudez no es un asunto de competencia a ver a quién le duele más. Por los clavos de Cristo, ¡qué insensatez! sólo hay cuatro tipos de viudos: los que les duele hasta el tuétano de cada uno de los huesos; los que fingen que les importa; los que fingen que no les importa. Y están aquellos a quienes, por la razón que sea, no les importa y no disimulan.

Por diseño, fingir es malo. Hay que controlarse para no andar en lamentos por todas las esquinas. Lloriqueando en público no se le rinde homenaje al difunto. Es terrible pretender despertar la lástima a punta de ayayaes. Hay cosas que requieren privacidad y comedimiento. El duelo se lleva por dentro y no hay que ponerlo en vitrina.

"La viudez es un proceso", dicen. Y hasta lo describen con unos pomposos gráficos que lo dibujan como una escalera de etapas. Ah, la consabida manía de los seres humanos de creer que para todo hay un rótulo, una etiqueta, un modelo, una fórmula, una receta, un algoritmo.

Hay personas que manejan bien la viudez. Quizás son más inteligentes o tienen mayor equilibrio emocional. Son mejores que yo en esto por seguro. Pero eso no las hace seres superiores ni poseedoras del secreto no revelado. No hay incunable sobre este espinoso asunto. No se ha escrito ni se escribirá.

Es cierto que algunos se refugian en la religión. Y en ello hay contradicciones cáusticas. Si decimos que creemos en Dios y en que luego de esta vida hay otra, ¿cómo se compadece esto con atormentarse pensando que quien murió está mal? Mi marido sufrió muchísimo durante todos esos meses de enfermedad. Luchó con todas sus fuerzas; aguantó estoicamente las torturas de los tratamientos y las hospitalizaciones. Cuando murió, dejó de sufrir. Por eso lo ayudé a morir con dignidad. Si por un instante pusiera en duda eso, estaría perdida sin remedio, extraviada en ese mar inmoral de quienes creen que podían y pueden zafarse de responsabilidades.

No lucho contra la viudez. Es una causa perdida. La acepto, aunque no la descifro ni me defino como viuda. Yo lucho contra las consecuencias, que las hay y muy severas. Trato de recuperar peso, peso 37 kilos. Intento poner de nuevo algo de orden en mi vida, de hallar la forma de salir de la quiebra, de no lucir como un fantasma. Lidio con las cuentas de mudarme, con un serio desorden en el sueño, con el riesgo de caer en anorexia, con el buscar la forma de superar la debacle económica. Intento acostumbrarme a esta soledad, tan nueva y diferente, que me habla en un idioma que me es ajeno y desconocido. He pasado por todo el follaje de las crisis. Hay días en los que no hablo; y los hay en los que lloro sin control. Los peores días son esos en los que no logro llorar.

Hay mañanas en las que me paro frente al espejo y no reconozco a esa mujer que veo. Hay madrugadas de tenaz insomnio y noches en las que consigo dormir, pero asolada por pesadillas. Hay momentos en los que me confundo y creo que nada de esto pasó. Entonces, caigo en cuenta de algo: la realidad no acepta rebeldías. La vida es frágil, quebradiza; la muerte en cambio es extremadamente poderosa.

Escribo. Es lo único que hago. Escribo y borro. Y vuelvo a escribir. Mi vida se ha vuelto sosa y tonta, y tan poco inteligente. Hasta las neuronas se petrifican. Y mis letras reflejan eso. No tengo ingenio ni capacidad para imaginar mi futuro. Y tampoco quiero.

Una bitácora de la viudez. Eso llevo escribiendo desde que volví a Margarita. No sé para qué la escribo. Poner en negro sobre blanco lo que siento no sirve para nada, como no sea para que no me descubra un día cualquiera pegando gritos en la calle, en remedo de la loca Luz Caraballo.

Puede ser que algo de cordura se me vuelva a instalar en el cerebro y el alma. Sé que cerrar los ojos no hace que la cruda realidad desaparezca. Poner la música a todo volumen no genera que el ruido se disuelva. Perfumar el sucio no tapa el hedor. De la insoria no se sale con lamentos lánguidos.

La muerte es una aseveración sin salida. La vida es una pregunta abierta. Es una novela, un relato personal que escribimos cada día. Algunos creen que es un ensayo frío. No lo es. A esta novela de mi vida le faltan un montón de capítulos.

Arnaldo fue extremadamente valiente. Yo soy cobarde. Pero así como a la muerte no se la puede vadear, la vida no deja opciones de caminos. Y a mí no me queda de otra que vivir, andar en esta trocha absurda, aunque no sepa cómo y no tenga el calzado adecuado.

Cuento ovejas

No sé quién soy. No me reconozco. No me gusta quien soy. Cuando me preguntan cómo estoy respondo que "estoy". Así, como un carro en neutro. No importa cuánto pise el acelerador, no se mueve.

Conseguí apartamento. Es la mudanza con menor entusiasmo de toda mi vida. Lo hago por obligación. Me parece que nada va a cambiar, que meteré en las maletas y las cajas la misma pesadumbre, el mismo desasosiego, este extravío desazonado. Un asunto gatopardiano. Uno se muda con las rabias a cuestas, con la cólera metida en las valijas.

Pasado el carnaval, Margarita volvió a su natural tranquilidad. Mejor. Me aturde la música a todo volumen. Y la verdad no soporto las risotadas de la gente cuando la vida se les pinta de feria. Arnaldo y yo tuvimos un sueño: ir al carnaval de Venecia. No pudo ser.

Un infeliz me hackeó y clonó el WhatsApp y no puedo hablar con quienes están en el exterior. El imbécil no sabe cuánto me ha perjudicado. Supongo que si lo supiera poco le importaría. Caiga sobre él una maldición gitana. Los buenos somos más. Es cierto. Pero los malos pueden más.

Esta semana no logré escribir ni un artículo de prensa. La parte de mi cerebro que lo hace se ha declarado en huelga. No sé cuáles son sus condiciones para reactivarse. Así que no puedo negociar un cese, ni sé cuánto durará esta situación de neuronas en paro.

Veo series españolas. No por entretenimiento. Busco las claves para intentar reescribir la serie que el año pasado empecé a escribir y que se quedó colgada en la vía dolorosa, inerte en medio de la catástrofe.

Cajas. Cosas que se mueven de lugar. En ellas va parte de nuestra vida, la de esos largos años de "nosotros". ¿Cómo caminar a solas si no sé cómo dar ni un paso? Armo y desarmo. En las cajas busco respuestas. No las encuentro. No existen.

El dolor es mordaz, sañudo, irascible, pero ya no tiene bocina. Es como una llave de agua que pierde, como en la película "Bajo el sol de la Toscana". Una gota de agua. Y otra. Y otra. En la madrugada, en silencio, cuento ovejas. Una, dos, cincuenta, mil...

Mientras tanto

Cual caraotas, trato de poner mis caóticas emociones en remojo con una cucharada de bicarbonato, a ver si se me ablandan.

El problema más grave está en las horas. Se han extendido. Ya mis días no son de 60 minutos. Los días ya no son de 24 horas. Todo es lento, mas no pausado. Me cansa todo. Hasta las tareas más sencillas. Cualquier salida a la calle me abruma. El ruido, la gente, la vida de esas personas en estatus de normalidad. Ya ni siquiera soporto lo que por años hice: montarme en el carro y dar vueltas sin destino.

Embalo y empaco. Ya no sé ni qué tengo todavía y qué ya no tengo. He perdido la noción del inventario. Y ahora tengo una vida transitoria; todo temporal. Es decir, un "mientras tanto". ¿Qué es este "mientras tanto"? Intentaré hacer del apartamento alquilado un hogar. No sé cómo. Arnaldo me diría "flores, Nené, pon flores, y prepara un café".

Hay más. No sé dormir sin Arnaldo. Me dan altas horas de la madrugada teniendo como compañero el insomnio. Arnaldo siempre fue de buen dormir, hasta que enfermó. Le tuvieron que prescribir pastillas. Conforme pasaban los días, las semanas y los meses la situación fue empeorando. Hubo muchos días en los que no pasamos de dos o tres horas de sueño. La angustia es muy mala compañera. Y tiene un lenguaje burdo.

He roto varios platos y vasos. Es de lógica que si estoy rota por dentro, mis manos enclenques rompan cosas.

En los veintidós años que estuvimos juntos, Arnaldo jamás hizo una maleta o embaló una caja. Toda mi vida fui perfeccionista en esos menesteres. Ahora me descubro haciendo todo desprolijo. Es como si en esta nueva etapa de mi vida el orden hubiera perdido toda importancia.

A donde me mudo no hay vista al mar. Pero tendré una pequeña terraza con un pequeño jardín. Ojalá haya gatos. Y algún perro para jugar. El apartamento es pequeño. Me sirve; mi vida ahora es diminuta. Nuestros muebles y tantos corotos están en un guardamuebles.

Después de mudarme, buscaré trabajo. Lo necesito. Para poder pagar las "cuentas por pagar", para tener de qué vivir y para tener algo que hacer. Esta anomia es anemia del cuerpo y del alma.

Los días pasan, con insoportable lentitud. A esta hora que escribo —12:26 pm— no he pronunciado ni una palabra. Mi celular ha sonado todo el día, varias veces. Números sin identificación. No atiendo. Si me cuesta hablar con conocidos, hacerlo con extraños me resulta imposible.

Sigo sin WhatsApp. El "help desk", que no sé si es un ser humano o una computadora, me dice que ya para mañana podré activarlo. Ahora parece que toda nuestra vida está en manos de algoritmos.

Continúo con pesadillas. La misma cada noche, con cargante y latosa recurrencia. Corro a toda velocidad. Choco contra un muro. Pero no me estrello. Mi cuerpo se funde con el concreto gris. Y allí me quedo, paralizada. Entonces, cuando la escena es sensación de momia, despierto, empapada en sudor. Me levanto y me meto bajo la ducha. Intento lavar esta capa de insufrible melancolía que siento sobre mi piel y mi espíritu. Pero el jabón de olor no sirve para lavar el alma. El cielo está azul. Anoche llovió. Margarita es así.

Walking dead

"Está demasiado reciente", me dicen. ¿Cuándo deja de ser "reciente"? ¿Alguna vez deja de ser "reciente"? Pregunto, nomás para saber.

Empaco. Embalo. Se hace patente la enormidad de este disparate que me acecha desde las esquinas. Todas las decisiones ahora son unilaterales. No hay con quién contrastar. No hay pleitos por necedades. No hay ponerme brava por algún desorden, unas medias tiradas, una camisa desgastada que se negaba a pasar a fase de "descontinuación". Ya no hay olor a chocolate impregnando todo. Ahora todo es a solas.

Sí, ya lo sé. Mucha gente que conozco o que no conozco ha pasado por esto. Y ha logrado superarlo. Dicen que a mí me pasará lo mismo. Les concedo el beneficio de la duda. Al fin y al cabo, no tengo nada de especial. Los que se creen especiales, diferentes, superiores, ah, no son más que vanidosos ejercitando el músculo del propio engaño y la soberbia. No por nada, ella, la soberbia, es uno de los siete pecados capitales.

Supondrán algunos torpes que si a la catástrofe emocional no sumase la ruina económica, pues estaría mejor. La gente confunde los errores. Cree que los reales sofocan los dolores. Que ser una viuda rica no me daría paz pero al menos mucha tranquilidad. Otra bolsería más. Si el dinero solucionase esto, si se pudiera comprar el remedio, muchos no estarían como están. Para lo único para lo que tal vez me serviría tener medios económicos sería para salir de apuros, para no desgastarme en esta inútil y tan monótona ingeniería financiera. Lo otro, lo que pesa más, no se puede arreglar ni con montañas de dinero. Es cierto, nos arruinamos con la enfermedad. Todos nuestros ahorros se fueron en la lucha contra el insolente intruso. Pero si de algo no me arrepiento es de cada centavo gastado en esa lucha. Estoy segura que si hubiera privilegiado el dinero, no habría agotado las reservas, pero hoy estaría peor, dando manotazos en un pantano de culpas.

"Nadie muere la víspera", dice esa conseja que repiten las viejas sentadas en mecedoras agarrando fresco en las tardes en los pórticos en los pueblos. No es cierto. Arnaldo murió en la víspera, una víspera muy adelantada. Y ni todo el oro del mundo me lo traerá de vuelta. He allí lo peor, lo inmutable, lo no se puede cambiar.

Empaco. Embalo. ¿En qué caja con bolitas de alcanforina meto el dolor? ¿En cuál maleta caben bien dobladas y envueltas en papel de seda las abigarradas tristezas? Porque se mudan conmigo. Eso lo sé. En la farmacia no venden píldoras para domesticar el desconsuelo. Estoy parada frente al acantilado de la intrascendencia. Y ella no pide permiso. Es invasiva. Cuando todo pierde sentido, las preguntas son ejercicio fútil, de relleno. No sé para qué vivir.

Ayer se cumplió un año de la guerra en Ucrania. El disparate de un sociópata con poder. Él, Putin, es el responsable y culpable de los muertos, de los heridos, del destrozo, de la emigración forzada de millones. Ucranianos y rusos son las víctimas de su crimen.

Hoy van dos meses y 10 días. Morimos los dos, aunque clínicamente parezca que estoy viva. Ninguno de los dos sobrevivió a esta guerra. Las bacterias mataron su cuerpo y asesinaron mi alma.

La noria

A este paso, voy a acabar con la vajilla y la cristalería. Ya me he cargado dos vasos, un plato, tres tazas y dos platos de dulce. Siempre fui torpe, pero ahora estoy peor.

He perdido la memoria. No me acuerdo de mil cosas. Cosas estúpidas, quizás, pero que estaban en mi disco duro. No recuerdo las letras de las canciones de nuestras vidas. Ya no puedo recitar versos de mis poetas favoritos. No atino a los títulos de libros de autores inolvidables. Tengo el cerebro apolillado, reblandecido, enmohecido. Las palabras se me escapan. Ayer no pude responder el rosco de Pasapalabra.

Sigo consiguiendo cosas que Arnaldo escondió antes del desastre. Otra navaja Victorinox. Una lupa retráctil. Su "Manual Azul" para ver las estrellas, que él adoraba y que viajó con nosotros doquiera que fuimos, se lo voy a dar a Jorge Roig. Él y Arnaldo hablaron sobre ese libro una vez que nos invitaron a cenar. Aparecieron otros binoculares. Y más pañuelos con monograma. Plumas y lapiceros, varios. Conservaré todos sus discos. Y sus libros. En esas melodías y esas letras está él, está ese hombre culto que no compraba prejuicios tontos. Están nuestros muchos recorridos como amantes extraviados que no necesitaban lujos para entender la vida como lo que es, una aventura con principio y final.

Como por una fina cortesía del hacker sigo sin poder usar mi celular, ayer cargué el de Arnaldo. Cuando lo encendí, el aparato gritó como desquiciado. No sé cuántos mensajes. Por supuesto, no los leí. Hay que respetar su privacidad. Y, además, no quiero hallazgos desagradables, que no me sorprendería pudiera haber. O ridículos mensajes superfluos de quienes se hicieron la vista gorda y que creen que ahora pueden lavar sus culpas con frases jabonosas.

Margarita está en modo "preparación". Se espera un repunte de turistas para el feriado de Semana Santa. Los comerciantes acomodan las tiendas, los restaurantes se aprovisionan, las alcaldías tratan de mejorar el aspecto físico de la isla.

Anoche hubo una fiesta en las cercanías. Pasadas las once, el cielo se iluminó con fuegos artificiales de mil colores. Por fortuna, duró poco. No estoy para festejos forzados. Pero aplaudo que haya gente feliz.

Hoy es domingo. Iglesias y playas estarán atestadas. No iré ni a unas ni a otras.

Tengo la fe en revisión, en un "ya veremos". Y una playa repleta de gente daría al traste con la poca cordura que me queda. Mejor hoy prosigo con el embalaje y dejo lo de caminar por la playa para mañana.

Yo no uso reloj. Del asunto de la hora se encargaba Arnaldo, de manera obsesiva. Ahora estoy siempre perdida. Tengo que encender el televisor o mirar en el computador o el celular para saber fecha y hora. Y cada vez me importan menos. Porque saberlas no sirve para nada, como no sea para aceptar que el tiempo es una entelequia como la definió Aristoteles. Es decir, una "entidad particular, algo inmaterial que hace que la materia esté viva, se mueva, se transforme y alcance objetivos". Pero como yo estoy clavada en un presente sin futuro, el tiempo ha dejado de ser relevante. Curioso, toda mi vida fue construir el porvenir. Mucho escribí sobre ello. Ahora no hay mañana que edificar. Se trata de sobrevivir a la vida, a mi vida, a este protoplasma viscoso del día a día. No sé bien si es un texto de Ionesco o de Lampedusa. Da lo mismo. Igual es una noria de la que no hay cómo apearse.

No he ido a comer empanadas donde Moya. No encuentro la fuerza para ello.

Rutina

Todos los días pasa lo mismo. Logro dormirme pasada la medianoche, con el sedante de alguna película en Netflix o con Radio Mitre o Radio Rivadavia de fondo. Como a eso de las cuatro o cinco, despierto azorada, empapada en sudor frío, luego de la misma pesadilla, que se repite una y otra vez. El mismo guión.

Me levanto, me cambio la franela de Arnaldo que uso de pijama y me vuelvo a acostar, en el lado de él de la cama. A veces logro dormir de nuevo. Otras me quedo insomne, con los rebullones haciendo de las suyas.

De los tiempos perdidos escribió Proust. ¿Será que eso que me queda por delante es un número indeterminado de años perdidos? Cuando Arnaldo llegó a fase sin remedio, comenzó la muerte. Algunos creen que la parca viene ese día, esa hora, ese minuto o segundo en que ya no hay signos vitales. No es así. Ella, la parca, llega con antelación. Hace inspección ocular y predespacho. Yo sabía que moriría. Él también lo sabía. Pero no tuvimos el coraje de hablar sobre ello. Supongo que entendimos que esa conversación estaba de más. Lo único que me dijo cuando ya sintió que no había cómo esquivar la desgracia fue un "Nené, ya basta". Y yo entendí que envuelta en esa frase había una súplica. Un "ayúdame". Y lo hizo. No hubo una despedida verbalizada. Las últimas horas fueron de silencio. Tuvimos la cobardía del amor que no sabe decir adiós. Entonces el duelo comenzó antes del último aliento, mucho antes del último te quiero. No pudimos escapar de la muerte. Pero no le permitimos que hiciera mofa de nosotros.

Y aquí estoy, en esta rutina desgastante y desprolija. No se trata de decir adiós. Eso se hace porque no queda de otra. La parca se encargó de tumbar los breakers. Yo no estoy en negación. Aunque sienta a Arnaldo todo el tiempo, sé que murió. Eso está nítido. Lo complicado es vivir sin él. Desde que se fue no he tenido luz de luna. No sé construir una vida sin él. Si fueron 22 años, ¿cómo alguien en su sano juicio puede pensar que esto se lava, se deshace, se vuelve espuma?

Estoy furiosa. La indignación es el sujeto en esta oración que nada tiene de impersonal. Y es un sujeto que corroe mis entrañas.

Repaso todo lo que pasó. ¿Qué hice mal? ¿Qué no hice? ¿En qué fallé? Me pesan los pleitos durante su enfermedad. Incluso sus malcriadeces, reproches y hasta insultos debí obviarlos. Jamás debí hacer crisis de llanto frente a él. He debido huir antes de mostrar mi debilidad. Pero esas dos veces no me pude controlar.

Me arrepiento de aquella tarde en la que frívolamente fui a la peluquería y lo dejé solo por dos horas. Cuando regresé, con su voz sin sonido me dijo: "Nené, te extrañé".

No quiero hablar. No quiero escuchar explicaciones sabiondas. No quiero que me reciten ejemplos rimbombantes de gente que pasó por esto y lo superó. Lo tengo muy claro: sentirme bien sería anormal e inmoral; sería traicionar a Arnaldo. Así que la rutina de todos los días incluye algo mucho más denso que el desaliento; es la más compleja, intrincada e inescrutable nostalgia.

Estoy en proceso de mudanza. Me mudo yo y se muda conmigo todo lo que siento. Así como de la muerte no se puede uno escapar, de los dolores de la vida tampoco se puede huir.

14 de marzo

Conmigo la vida no fue nunca leve. Es cierto que me dio muchas oportunidades inmerecidas. Pero también es cierto que en compensación fui generosa con muchos que no habían sido tan afortunados como yo de nacer en una familia decente, honrada, trabajadora, en la que alimentaron mi cuerpo, mi mente y mi espíritu con tres platos de comida al día, montones de libros, buena educación, principios, valores, cultura y mucho afecto. Y es cierto también que he tenido una vida interesantísima. He tenido la suerte de hacer una carrera que me dio muchas satisfacciones. Y he conocido gente maravillosa. Pero también la vida me apalizó. De esos garrotazos físicos y emocionales, con no poco esfuerzo y sin poder evitar las secuelas, logré recuperarme y seguir adelante.

En una carta que mi papá me escribió a París, me decía: "... todo lo que hoy te duele y te cuesta te hará más fuerte". Pancho Morillo tenía razón. Pero él no me enseñó cómo enfrentar esto que siento ahora. Y no me lo enseñó porque él mismo no tenía las herramientas para ello. Vi llorar a mi papá dos veces: en 1974, cuando Mami tuvo un severo percance cardiológico y, años más tarde, en 1989, cuando tuve el infausto deber de decirle que Carlos, mi hermano y su único hijo varón, había sido diagnosticado con un cáncer incurable. Mi papá era un hombre recio, como correspondía a quienes hacen del campo su oficio y pasión. Pero hay golpes en la vida que, con independencia de cuán duro se tenga el cuero, no hay cómo superar. Daría lo que no tengo por una hora con mi papa, en silencio.

Pasan los días. A quienes me dicen que hay que darle tiempo al tiempo, les apunto que cada día no duele más, duele peor. No es posible acostumbrarse a una flecha con curare clavada entre las costillas.

El médico me pregunta si me duele la pierna. Seguramente me duele; pero el dolor del alma es tan estrafalario y punzante que no me quedan sensores para otros dolores.

Hoy el día ha sido particularmente difícil, con escollos infranqueables. Ayer presentí que así sería. Pero no hay cómo prepararse para ello. El golpetazo llegaría y nada podría hacer para evitarlo. Pasé mañana y tarde en silencio. Apenas intercambié indispensables palabras con la gente del taller donde estaban arreglando una zoquetada a mi carro. Ahora ya es de noche. Quiero que este día termine.

No rezo. No porque no crea en Dios. Creo. Pero Dios no mata ni salva. Dios no permite ni prohíbe. Nos hizo suficientemente fuertes como para poder lidiar con la vida.

En breve llegará la hora terrible. No veo el reloj. Ojalá no existiera el tiempo.

Anocheció. Voy a caminar. Por calles concurridas donde quienes me ven no saben quién soy, no hacen preguntas y no me recitan jaculatorias desaliñadas que ni siquiera riman bien. Para esa gente soy "la señora que camina". Del dolor no se puede huir. De las frases empalagosas y tan inservibles, por fortuna, sí.

Epílogo inconcluso

Las pastillas logran su cometido. Hicieron que el dolor se me acurrucara entre pecho y espalda. Ahí está, sin moverse. No se ha reducido ni mitigado. Es como un bulto, un fardo, con el que hay que aprender a vivir cada día. No se va a ir. Lo sé. Me conozco demasiado bien y puedo distinguir entre un episodio y algo que vino para quedarse.

Quizás, sólo quizás, si hubieran sido años, con altos y bajos, podría tal vez sentirme mejor. No fue así. Esos siete meses, casi ocho, no nos dieron tregua. No hubo cese de hostilidades en esos doscientos treinta nueve días con sus respectivas noches.

No espero que ni tan siquiera los muy cercanos entiendan lo que siento. Ahora lloro menos. Al menos en público. Lo reservo para cuando nadie me ve. A mí no me gusta hacer papelones frente a conocidos y extraños. Para bien o para mal, en mí puede más el Morillo que el Belloso. Hay que mantener la compostura.

Pronto culminará mi "reposo voluntario". Ahora me ocupo de intentar armar la vida que tengo por delante. Me mudé a un lugar sencillo, que no está pringado de escenas de nosotros dos. Pero Arnaldo se mudo conmigo. Yo a él no lo recuerdo. Eso sería como haber empezado a olvidarlo. Hoy en el mercado sin darme cuenta metí unos chocolates. La fuerza de la costumbre. Se los regalé al muchacho que me llevó las bolsas.

La verdad, me conformo con poco. Un apartamento pequeño, una vida lo más sencilla posible, conseguir trabajo a distancia que me fuerce a usar el cerebro, leer y releer, ver películas, caminar todos los días, comer lo necesario para no caer en anemia y desnutrición. No quiero fiestas, no quiero suspiros de alivio. Me parecen tan fuera de lugar, tan rayanos en el despropósito, hasta procaces.

No es que haya perdido la fe en Dios. Sigo siendo creyente. Lo que sí siento es que en todos estos meses Dios no estuvo con nosotros. No voy a reclamarle. Lo he escrito y lo repito: pelearse con Dios es una necedad por una razón: por diseño, Dios nunca pierde. Por eso no creo que Dios nos haya mandado esta desgracia o que "su buena razón" habrá tenido para llevárselo. Eso no es así. Porque si así hubiera sido, entonces Dios habría sido muy injusto.

Además, Dios no puede ser un refugio, una muletilla, una coartada. Conozco gentes que son de mucho rezar y mucho golpe de pecho, que no faltan ni un domingo a misa y respetan todas las fiestas de guardar, pero que ejercitan los músculos del desdén y el desprecio. ¿A quién creen que engañan? No. No he pisado una iglesia en muchos días. Y no creo que la vaya a pisar en mucho tiempo, al menos no por decisión propia.

En los años que me quedan —que no se sabe cuántos— buscaré la forma de llevar una vida modesta y reposada. En blanco, negro y grises. Es el otoño de mi vida. Y me toca vivirlo huérfana y viuda. Como yo no tengo hijos y nietos, nadie tiene que cargar conmigo, ni yo tengo que ponerme sobre las espaldas a nadie. Mis sobrinos son ya adultos y tienen sus vidas armadas. Me quieren mucho pero, por fortuna, no me necesitan. Mis hermanas tienen cada cual su vida y tampoco me necesitan.

Fueron muchos años con Arnaldo, con todo el abanico de cosas buenas, regulares y malas. No estuvo de paso por mi vida ni yo por la suya. No sé si fui la mujer que más quiso. Fui, lo digo sin ambages, la más importante. De eso no tengo duda. Nos casamos con el viento en contra. Y llegamos a contabilizar 15 años de matrimonio y 22 años juntos. Curiosamente, una de las razones para casarnos fue aliviar la angustia de mi mamá, que le tenía miedo a dejarme sola al morir ella. Parece una burla del destino. Terminé sola.

Es marzo. Estas serán las últimas letras que escriba sobre este tema. Me saqué de adentro muchas cosas. Escribir me permitió gastar la gasolina al dolor. Ahora soy su garage. Allí está, estacionado, intacto, pero sin combustible y con el motor apagado. ¿Se me va a quitar? Sé que no. Esto no es una bacteria oportunista. No es un resfriado del alma. No valen los "tienes que poner de tu parte", "dale tiempo al tiempo" y otras simplezas por el estilo que de tan manidas se convierten en reducción al absurdo. Al dolor, si uno se deshace de la soberbia, hay que reconocerlo como tal, no andar maquillándose o creer que pintarrajear todo de colores sirve. Nada de aturdirse con ruidos y francachelas. Eso, me perdonan, es una memez frívola. De la borrachera no queda sino la resaca.

Hay días en los que ni siquiera me quito el pijama y apenas me asomo a la terraza. Hoy desperté y no me moví de la cama por al menos quince minutos. Como catatónica. No conseguía la fuerza. Pero yo soy una mula vieja y resabiada. Y como tal, terca, muy terca.

Tres meses ya. El dolor no está intacto, cada día duele más. Al dolor no lo mata ni el tiempo ni la ausencia. No le digo a nadie cómo vivir. Y no quiero ni acepto que alguien pretenda darme instrucciones sobre cómo vivir el tiempo que me queda. Caminar, trabajar, escribir. Con eso me conformo. Mi vida es una película. Yo soy el director. Y las decisiones sobre las escenas que faltan por filmar las tomo yo, y sólo yo.

Llego a conclusiones. El amor, en cualquiera de sus formas, es un asunto de ética y moral. La enfermedad existe. Y nos pone a prueba. Si amamos de verdad, con amor ético, puestos frente a la enfermedad, nos comportaremos apegados a la moral. El amor sin ética y sin moral no es amor. No pasa de ser banalidad y discurso falaz carente de contenido. La muerte no es un percance; es una puñalada en la yugular.

El consuelo por la pérdida no existe como posibilidad. Ese aplacamiento, esa sedación de la que me pontifican, va en contra de mi legítimo derecho al desconsuelo. La resignación, el sentimiento más acomodaticio y egoísta, tampoco, porque cada vez que alguien me dice que me tengo que resignar, sólo pienso que para mí Arnaldo no fue un transeúnte en mi vida. A quienes no lo entiendan, les conmino a leer a Erick Fromm y Fernando Savater. No se puede andar por ahí repartiendo ignorancia.

Cada día es una empinada escalinata que se pierde en el espacio. Cada peldaño acrecienta el vacío. No me sirven ni las drogas ni los placebos. No me sirve agotarme caminando o haciendo ejercicio. No me sirve tampoco llorar a hurtadillas. Ni gritarle al viento. O anclarme en la soledad y mucho menos dejarme arrebatar por los ruidos mundanos.

Mi cuerpo mejorará, de a poco, a su ritmo. No quiero engordar ni adelgazar. Me parece presuntuoso e inmodesto ocuparme de lucir bien cuando Arnaldo sufrió tanto. Así que lo dejo en que me preocupa mi salud y me ocupo de ella por razones absolutamente pragmáticas. No quiero volver a pisar una clínica. Mi espíritu y mi alma, ah, esos son versos de otro cantar. Una cosa es suponer que estoy herida y otra muy distinta comprender que estoy enferma. Y no, no me da la gana de caer en los fatuos consejos de quienes se creen descubridores de verdades absolutas. Que no las hay. Cada cual monda las naranjas a su manera,

Hay una notable diferencia entre el agradecimiento y la gratitud. El primero es puntual, transitorio, pasajero, de buenos modales. La gratitud es de buenos sentimientos y es, por cierto, imborrable. Lo mío para con mucha gente es gratitud, mucho más que agradecimiento. Gracias por haber estado cerca. A los que no estuvieron, gracias también. Eso me ha permitido tener claro que hay que descartarlos, borrarlos. Sobraron durante la enfermedad y, a no dudarlo, sobran ahora.

Arnaldo: Estoy segura que estás bien. Y quizás este vaivén del mar margariteño es la forma en la que la isla se despide de ti. Yo nunca jamás te diré adiós. Camino por la playa. Me siento en la arena. Cierro los ojos y te veo, te siento. Estás, aunque no estés. Y estarás siempre. Cuidé de ti y te cuidaré siempre. Te quise y te quiero. Cuando la gente me pregunta "¿Cuándo murió Arnaldo?", respndo: "Ayer", Créeme, sé bien de qué color es la nostalgia.

SOLEDAD MORILLO BELLOSO

Soledad Morillo Belloso es periodista, publicista, articulista, novelista, ensayista y cuentista. Y fundamentalmente es una mujer que a juro aprendió sobre la vida y el dolor.
Soledadmorillobelloso@gmail.com
@solmorillob
IG sol,morillo,7

About the Author

Soledad Morillo Belloso es venezolana. Su pluma abarca desde artículos, relatos y cuentos hasta novelas, ensayos y poesía. La caracteriza un controversial y elegante estilo de escritura.

A menudo, sus letras capturan tanto la tradición como la modernidad. Utiliza un lenguaje sencillo, pero rico y lírico para pintar imágenes vívidas. Sus descripciones abundan en detalles, lo que permite al lector zambullirse en los escenarios y las vivencias de sus personajes. Pródiga en metáforas y símiles, utiliza el lenguaje para transmitir sentimientos y estados de ánimo. Sus descripciones crean una atmósfera palpable. El lector puede sentir el calor del sol en una tarde de verano o el aroma de las rosas en un jardín.

El estilo literario de Soledad se caracteriza por su elegancia y ritmo cautivador. . Sus relatos y personajes encaran dilemas culturales y buscan respuestas sobre quiénes son y cómo encajan en la vida que les toca vivir. Su obra aborda temas universales como el amor, la pérdida, la soledad y la búsqueda de sentido. Sus personajes son profundamente humanos. Esto hace que sus lectores se identifiquen con emociones y experiencias compartidas.

Morillo capta la atención del lector desde la primera página. Su narrativa crea giros inesperados. Su modo de escribir es una amalgama de sensibilidad, profundidad y precisión. Elige sus palabras con cuidado y conocimiento. Su prosa es límpida y evocadora, sin excesos ni adornos innecesarios. Cada palabra tiene un sentido y un propósito: cuida mucho la temperatura y su lingüística abre las puertas para que el lector camine a sus anchas en la narrativa. La autora no le teme a las emociones, los conflictos internos y las relaciones humanas. Sus personajes son complejos y auténticos, y sus dilemas resuenan con el lector. No evita enfrentar la vulnerabilidad y la fragilidad del ser humano. Sus historias invitan a la reflexión. sobre temas como la memoria, el tiempo, la identidad y la pérdida. Sus obras son como ventanas abiertas hacia el alma, una combinación de sutileza, profundidad y conexión genuina con la cultura y la humanidad.